Ich koche heute

Ein Notizbuch für echte und unechte Köche mit
5 mm Linienabstand und Grafiken um den
Kochalltag herum

Kurt Heppke

Bibliografische Information der Deutschen Nationalbibliothek:
Die Deutsche Nationalbibliothek verzeichnet diese Publikation
in der Deutschen Nationalbibliografie; detaillierte
bibliografische Daten sind im Internet über http://dnb.dnb.de
abrufbar.

Lektorat: Vorname Name oder Institution
Korrektorat: Vorname Name oder Institution
weitere Mitwirkende: Vorname Name oder Institution

Herstellung und Verlag: BoD – Books on Demand,
Norderstedt

ISBN: 978-3-7562-1667-3

dieses Buch gehört

hast du schon gefrühstückt?

und
schon
mittag
gegessen?

mach eine Pause

21

39

Alles Gute

Mehr von mir können Sie hier finden:
https://www.kurtheppke.com/

Mehr von mir können Sie hier finden:
https://www.kurtheppke.com/